AF384009

ELOGES

DE MESSIÈURS

BASSUEL, MALAVAL

ET VERDIER,

PRONONCÉS AUX ÉCOLES DE CHIRURGIE;

Par M. *Louis, Profeſſeur & Cenſeur Royal; Chirurgien Major - Adjoint de l'Hôpital de la Charité, de l'Académie des Sciences, des Belles-Lettres & des Arts de Lyon, & de celle de Rouen, &c.*

A PARIS,

Chez P. GUILLAUME CAVELIER, Libraire, rue
S. Jacques, au Lys d'or.

———

M. DCC. LIX.

Avec Approbation & Privilége du Roi.

ELOGE
de M. BASSUEL.

PIERRE BASSUEL nâquit à Paris en 1706. Son ayeul, Adrien Baſſuel, Conſeiller du Roi ordinaire en ſes Conſeils, Sécretaire de la Chambre & du Cabinet, prêta ſerment pour cette charge, entre les mains de M. de Créquy, premier Gentilhomme de la Chambre, le deuxiéme Janvier 1648. Une place de cette nature, dans laquelle on a l'honneur d'approcher la perſonne du Roi, pour ſervir ſa Majeſté dans ſes dépêches particulieres, ſuppoſe en ceux à qui on l'accorde, la naiſſance jointe au mérite. On voit par l'état de la France, imprimé en 1702, qu'entre ceux qui étoient alors pourvûs des charges de Sécretaire du Cabinet, l'un avoit été Plénipotentiaire à la paix de Ryſwick, & qu'un autre étoit Ambaſſadeur à Veniſe : il eſt à préſumer que leurs prédéceſſeurs n'étoient pas de moindre conſidération. M. Baſſuel connoiſſoit ſon origine & n'en

A

parloit pas ; il ne fut jamais tenté de faire à ce fujet la moindre recherche : le brevet qui conftate l'état de fon Ayeul, s'eft trouvé parmi fes papiers ; & c'eft la feule chofe qui lui foit parvenue des titres & des biens de fes Ancêtres. Son pere, obligé par fon peu de fortune de chercher dans une profeffion honnête les moyens de fubfifter, choifit la Chirurgie, & entra affez jeune à l'Hôtel-Dieu de Paris, où les occafions de s'inftruire font en grand nombre, & fe renouvellent fans ceffe. Au bout de quatorze ans de travail affidu, fon zéle pour le fervice des pauvres, lui mérita la place de Chirurgien principal de l'Hôpital Général de Paris, en la maifon de la Salpétriere. Il y gagna la Maîtrife en Chirurgie, par fix années d'exercice gratuit, & fut aggrégé au Corps des Chirurgiens, le premier Juin 1703. L'adminiftration de l'Hôpital Général lui donna des marques particuliéres d'eftime & de confiance, en le chargeant, dès fon établiffement à Paris, du foin de l'Hôpital des enfans rouges, de celui du S. Efprit, & de la maifon de Sainte Pélagie.

L'exercice habituel de la Chirurgie dans les grands Hôpitaux, pendant un tems fort long, n'eft pas un garant bien sûr que ceux qui s'y font livrés, ayent acquis une expé-

rience confommée. Surchargés par la multitude des malades, plus encore qu'ils ne
font diftraits par la diverfité des maladies,
ils peuvent n'entrevoir que confufément les
objets qui demandent le plus d'attention.
L'occupation journaliére devenant, pour
ainfi dire, une peine de corps, un travail
fatiguant, elle permet difficilement la mé-
ditation tranquille des différens phénomè-
nes que la nature préfente avec tant de variété dans le grand nombre de maux auxquels les hommes font fujets. Le feul exercice ne peut jamais donner l'habileté néceffaire ; puifque cette habileté confifte effentiellement à appliquer avec difcernement & avec méthode, les règles de l'Art
aux cas particuliers, fi différens les uns des
autres, jufque dans la même efpèce, par la
combinaifon d'une infinité de circonftances
qui les caractérifent. Ce difcernement &
cette méthode dans le choix & l'ufage des
moyens, exige une longue fuite de préceptes fcientifiques. Si les lumiéres de la théorie n'éclairent pas l'efprit d'un homme qui
ofe fe charger de la vie de fes Concitoyens,
il pourra bien parvenir, avec le tems, à fe
faire une pratique d'habitude, & une routi-
ne plus ou moins affurée ; mais elle fera
néceffairement très-bornée, & certaine-

ment acquife par un trop grand nombre de
fautes. M. Baffuel, le pere, étoit obferva-
teur judicieux, en même-tems que praticien ; il avoit fait de bonnes études, & s'é-
toit fort appliqué à l'Anatomie : il y a même formé des Eléves diftingués, tels que
MM. Thibaut & Rouhault. Les connoiffances théoriques avoient toujours été fes
guides, dans les travaux continuels de la
pratique ; & la voye qui l'avoit fi bien con-
duit dans la carrière qu'il a parcourue, il la
fit tenir à fon fils avec le même fuccès.

M. Baffuel étudia les humanités au Collége de Louis le Grand ; fon application y
fut récompenfée par plufieurs prix. Il fit fon
cours de Philofophie au Collége Mazarin,
& prit le grade de Maître-ès-arts dans l'U-
niverfité de Paris. M. Thibaut, devenu Chirurgien en chef de l'Hôtel-Dieu, y reçut
avec affection le fils de fon maître. Le
jeune Baffuel répondit avec tant de recon-
noiffance & de fruit, aux foins particuliers
de M. Thibaut pour fon inftruction, que
celui-ci trouva dans les difpofitions de fon
Eléve, les motifs capables de faire difparoî-
tre tout ce que fon devoir envers lui auroit pu préfenter de pénible. Le mot de devoir, en parlant du Maître à l'égard du Dif-
ciple , dans la circonftance préfente, ne

paroîtra déplacé, qu'à ceux qui ignorent les loix qu'impofe la vertu, & auxquelles les ames bien nées ne cherchent jamais à fe fouftraire. Les premiers Maîtres de l'Art nous ont laiffé fur ce point, un modèle bien refpectable. Dans le fein du paganifme, ces grands hommes fentirent affez la dignité de la nature humaine, pour établir un ferment dont Hippocrate a confacré le formulaire dans fes écrits. On invoquoit tous les Dieux & toutes les Déeffes, & on les prenoit à témoin des obligations qu'on contractoit en fe dévouant à l'art de guérir. On juroit de regarder comme fon pere celui de qui on avoit appris l'Art, de tenir lieu de frere à fes enfans, & en cas qu'ils vouluffent embraffer la même profeffion, l'on s'engageoit par ferment à les inftruire avec tout le foin poffible, par des préceptes abrégés, & par des explications étendues. Ces principes font admirables, & prefcrivent à tout homme la néceffité morale de s'y conformer. La loi du ferment n'ajoute rien aux obligations effentielles. Quand on s'eft affujetti à quelque règle par un ferment, il devient à la vérité un nouveau lien ou un nouveau motif de ne s'en jamais écarter; mais ne fuffit-il pas qu'une chofe foit conforme aux maximes de la droite raifon, pour devenir un devoir indifpenfable.

A peine âgé de 21 ans, M. Baffuel perdit fon pere. Les raifons d'intérêt, ordinairement trop écoutées, prévalurent alors fur la confidération d'un plus grand avancement par un plus long féjour à l'Hôtel-Dieu. Il quitta cet Hôpital pour prendre la direction de la maifon paternelle, & pourvoir par fon travail à l'entretien de fa famille. Les progrès qu'il avoit faits par le bon emploi du tems & une grande application à tous fes devoirs, fon attachement à ce qu'éxigeoit de lui la pofition où il fe trouvoit prématurément, & la fageffe de fa conduite, réunirent en fa faveur les fuffrages de ceux dont il étoit connu. On lui témoigna toute l'eftime qu'on avoit eue pour fon pere ; les Adminiftrateurs des Hôpitaux ne crurent pouvoir mieux faire que de nommer le fils aux places que le pere avoit occupées : ils procuroient au mérite naiffant les occafions de s'accroître & de fe développer ; & affuroient par-là des fecours utiles aux pauvres, dont ils font les tuteurs & les peres.

La diftinction avec laquelle M. Baffuel fubit tous les examens pour fa réception au

Corps des Chirurgiens, confirma la bonne
opinion qu'on avoit conçue de lui : & il ne
tarda pas à s'appercevoir du cas qu'on faisoit de ses talens. Il se forma à Paris en 1730,
une nouvelle Académie, avec la permission
du Roi, sous la protection de S. A. S. M. le
Comte de Clermont. L'objet de cette Société, étoit la perfection des Arts : mais on
ne se bornoit pas à recueillir des observa-
tions-pratiques, on vouloit cultiver toutes
les connoissances d'où cette perfection dé-
pend ; c'étoit le vrai & le seul moyen de
parvenir au but qu'on se proposoit : on sent
que dès lors toutes les sciences étoient com-
prises dans le projet. Il parut un réglement,
rédigé avec la plus grande connoissance des
moyens convenables, pour porter les Sciences & les Arts à leur plus haut degré de perfection, & dans lequel il y a peu de Compagnies sçavantes qui ne trouvassent à recti-
fier leurs usages, & à rendre leurs Statuts
plus parfaits. La Société des Arts devoit
avoir trois Anatomistes-Chirurgiens. Elle
fit son choix en nommant M. Bassuel, avec
MM. le Dran & Quesnay : le mérite des
deux Co-associés, prouvé par les produc-
tions les plus utiles, est un préjugé bien fa-
vorable pour M. Bassuel, qui n'avoit alors
que 24 ans. C'est en qualité de Membre de

cette Compagnie, qu'il approuva en 1735, la premiere édition de l'Essai sur l'Œconomie Animale, de M. Quesnay, & de l'Art de guérir par la saignée, du même Auteur. Cet établissement subsisteroit encore, si la protection d'un Prince, amateur des sciences, pouvoit inspirer à tous ceux qui les cultivent, l'esprit dont il est animé pour leurs progrès: mais la Société des Arts, avoit un vice radical; elle manquoit de fonds pécuniaires, qu'on sçait être la pierre fondamentale de toutes les institutions humaines. Quelque soin qu'on eût pris d'ailleurs, celle-ci ne pouvoit pas se soutenir & fixer l'attention du public; elle embrassoit les mêmes objets que l'Académie Royale des Sciences, dont la réputation est si solidement établie, qu'elle pourroit devenir accidentellement plus foible sur certaines parties, sans qu'on s'en apperçût; tant elle brille par l'éclat qu'elle a acquis, & qu'elle reçoit journellement par la supériorité de ses principaux Membres.

Le désir très-louable d'appartenir à ce Corps illustre, porta M. Bassuel à lui présenter différens Mémoires intéressans sur l'action du cœur & la structure des artères. Les Anatomistes n'étoient pas d'accord sur le mouvement du cœur, dans le tems qu'il se contracte pour pousser le sang dans les artères. Harvée, Lower, Stenon & Vieussens, prétendent que le cœur se raccourcit; & Borelli, si célèbre par l'application des connoissances mathématiques à l'Anatomie, assure que le cœur s'allonge pendant la contraction. Cette question, sans doute plus curieuse qu'utile, devint une affaire sérieuse entre deux prétendans à une Chaire de Professeur en Médecine, à Montpellier. L'un soutenoit que dans la systole le cœur s'accourcit ; l'autre , qu'il s'allonge : la contestation fut portée devant l'Académie Royale des Sciences, comme au tribunal le plus compétent pour la juger. L'autorité ne devoit avoir aucun poids, puisque les plus grands Maîtres n'avoient pû réunir leurs idées sur ce sujet de dispute : les expériences ni les raisonnemens, ne purent fixer les esprits. Suivant M. de Fontenelle, qui a donné l'extrait de cette discussion dans l'Histoire de l'Académie Royale des Sciences, année 1731, il étoit difficile qu'on pût prononcer d'après le témoignage de l'expérience. M. Hunauld, chargé par la Compagnie de travailler à l'éclaircissement de la question, examina, & fit voir des cœurs de différens animaux ouverts en vie; tels que des chiens, des chats, des pigeons, des lapins , des carpes , des grenouilles , des vipères. Cette voye, qui, en général, est la plus sûre, ne l'est pas tant ici, dit M. de Fontenelle. Le cœur de ces animaux, dans l'état où on les prend , ont des mouvemens si irréguliers, si changeans, si convulsifs, tantôt si lents, tantôt si précipités, qu'il est très-difficile de sçavoir bien précisément ce qu'on voit ; & ceux qui n'avoient pas les yeux bien accoutumés à ces sortes de spectacles , n'osoient rendre aucun témoignage positif. M. Hunauld assura qu'il voyoit constamment le cœur se raccourcir.

Après cet exposé sommaire, M. de Fontenelle rend compte du Mémoire que M. Bassuel vint lire à l'Académie sur ce même sujet : il y fut écouté, dit-il, *avec assez de satisfaction*. M. Bassuel soutenoit le raccourcissement du cœur, & il appuyoit les preuves de son sentiment sur le jeu des valvules qui répondent aux oreillettes : ces digues mouvantes sont attachées à des filets dont elles doivent nécessairement suivre les mouvemens ; il faut que ces filets soient relachés pour que les valvules puissent s'élever vers les oreillettes , & cela arrive pendant la systole ou contraction du cœur, pour fermer les oreillettes, & en empêcher la communication avec les ventricules. Cependant

les filets des valvules font en contraction
pendant la fyftole du cœur; il faut donc néceffairement que le cœur fe raccourciffe
alors; car s'il devenoit plus long, & même
s'il reftoit dans fon état naturel, les valvules, tirées par les filets, ne pourroient
point s'élever. M. Baffuel portoit fes vues
plus loin que tous les Anatomiftes qui l'a-
voient précédé dans cette recherche : il fe
montroit véritablement guidé par le génie
de l'obfervation, en trouvant ainfi dans la
ftru¢ture des parties dont l'action eft fimul-
tanée, des raifons peremptoires pour dé-
couvrir la nature des chofes, & affurer à la
vérité le triomphe qu'elle mérite fur les
fimples conjectures que l'imagination fug-
gere. Quoiqu'ici la théorie femble dominer
l'expérience. M. Baffuel foumit fes principes aux recherches expérimentales, & il y
trouva la confirmation de la vérité théori-
que qu'il avoit fi judicieufement apperçue.

Lower ayant rempli d'eau les ventricules du cœur, & pouffant fa pointe vers la
bafe, vit les valvules fe redreffer, & fermer
les entrées des oreillettes : ce qui démontre
que le cœur doit fe raccourcir, pour que les
oreillettes puiffent fe relever. M. Baffuel
rendit l'expérience plus décifive : il preffoit
les parois latérales du cœur, en les raccour-

ciffant; & dans ce mouvement combiné, on voit que les valvules fe relevent avec plus de facilité que dans l'expérience de Lower. Si au contraire on allonge le cœur rempli d'eau, ces foupapes s'abaiffent, l'eau s'échappe, elle reflue dans les oreillettes : il paroît donc évident, fuivant M. Baffuel, que fi le cœur s'allongeoit dans la fyftole, le fang reviendroit dans les oreillettes.

Les partifans de l'opinion contraire, faifoient un argument que M. Baffuel détruit avec avantage. Le cœur bat contre les côtes, & on jugeoit que c'étoit par fa pointe : l'on en tiroit cette conféquence, que dans l'inftant de la pulfation, qui eft celui de la contraction, le cœur étoit allongé ; & qu'il étoit naturel de penfer que dans le moment précédent, où la pointe du cœur ne touchoit point aux côtes, il étoit plus court ; ou, ce qui eft la même chofe, qu'il avoit la pointe plus proche de fa bafe. La conclufion feroit indubitable, fi le cœur étoit fixe & inébranlable dans une place ; mais il a la facilité de fe mouvoir affez librement dans le péricarde. Ce n'eft pas précifément la la pointe du cœur qui fait fentir fon mouvement contre les côtes ; il frappe la poitrine par toute fa maffe ; le battement du cœur eft fort étendu. M. Baffuel prouve

par des expériences, que chacun peut aifément répéter fur foi-même, que la pofition
de cette partie varie, fuivant les diverfes
pofitions du corps. M. Senac, qui a donné
l'hiftoire de cette conteftation dans fon excellent Traité du Cœur, rapporte dans toute
leur force, les raifons réciproques qui font
la bafe des deux opinions : il embraffe celle
de M. Baffuel, & lui rend la juftice qu'il
mérite.

Les raifons & les expériences dont nous
rapportons le précis éprouverent des difficultés, fi l'on peut donner ce nom à des
objections frivoles pour lefquelles néanmoins le Sécretaire de l'Académie crut devoir conclure, que toutes les tentatives
n'avoient abouti qu'à des incertitudes. M.
Baffuel n'avoit que 25 ans ; on ne pen-
foit pas que le talent eût dévancé l'âge. On
ne remarqua point affez dans fon Mémoire
la capacité jointe au travail : c'étoit un jeune homme fans prôneurs ; fon mérite faifoit
toute fa recommandation, & il n'avoit pas
trop l'art de le faire valoir. Si d'autres que
des Anatomiftes avoient été fes juges, il leur
auroit fans doute été permis de ne pas croi-
re qu'il eût envifagé l'objet de la conteftation d'une maniere à trancher le nœud d'u-
ne difficulté fur laquelle les plus grands

Maîtres, ou se contredifoient, ou héfitoient de prendre un parti décidé.

Le premier volume des Mémoires communiqués à l'Académie Royale des Sciences, par des Sçavans qui ne font pas de fon Corps, contient un ouvrage de M. Baffuel, fous le titre de *Differtation Hydraulico-Anatomique*, ou *Nouvel Afpeƈt de l'intérieur des Artères*, *& de leur ſtruƈture par rapport au cours du ſang*. Le paffage des fluides dans les rameaux artériels, ne paroît exiger qu'une fimple ouverture dans les parois des troncs. L'examen des orifices de chaque branche, montre un artifice particulier, qui favorife le partage des liqueurs à tous les rameaux. Lower avoit remarqué dans l'aorte une méchanique finguliere, aux bords de chaque embouchure des artères fupérieures. C'eft une digue, ou une efpéce d'éperon qui s'éleve au côté de l'orifice le plus éloigné du cœur. Cette digue qui a beaucoup de faillie dans les gros rameaux, eft auffi fort fenfible dans les petits. M. Baffuel a fait des remarques multipliées fur les embouchures de toutes les artères ; il a anatomifé à différentes reprifes tout le fyftême artériel ; il a fuivi les artères dans l'intérieur, comme l'on en examine extérieurement toutes les diftribution par l'angéiotomie, ou diffeƈtion anato-

mique des vaisseaux. Ce travail a mis M. Bassuel à portée de décrire avec soin la variété
constante des éperons, qu'il a toujours ob-
servée relative à la direction des vaisseaux, &
au cours du sang que cette structure doit fa-
ciliter. Il entre à ce sujet dans les plus grands
détails : il examine quelle est la disposition
particuliere de ces digues, lorsque plusieurs
orifices voisins & contigus partent du même tronc : il ne se contente pas d'exposer ce
qu'on découvre à la seule inspection ; il dé-
veloppe, à l'aide du scalpel, la structure interne des orifices des artères à toutes les bi-
furcations : chaque éperon présente un arran-
gement de fibres, & une texture détermi-
née qui semble faite spécialement pour les
usages auxquels ces parties paroissent desti-
nées ; ce qui permettroit presque d'adopter
le principe des causes finales. M. Bassuel,
qui étudioit depuis plusieurs années, avec
une complaisance singuliere, la structure des
vaisseaux, donna pour marque de son assiduité à approfondir cette matière, deux autres Mémoires qui n'ont pas été imprimés :
l'un a pour titre : *Examen du sentiment de
Lower sur le coude de l'aorte & les orifices
de son arcade.* L'autre est intitulé : *De la
situation des orifices des artères coronaires
du cœur, par rapport aux manieres différen-*

res dont on penfe que le fang y aborde à chaque fyftole. Pour éclaircir ce point, M. Baffuel décrit la difpofition des valvules figmoïdes, & celles du commencement de l'aorte. Ces différens ouvrages prouvent de l'érudition par l'expofé que l'Auteur fait de la doctrine des habiles Anatomiftes qui ont traité les mêmes fujets; & l'on y voit un travail très-fcrupuleux fur le livre original, s'il eft permis d'employer cette expreffion, pour défigner le corps humain : ce n'eft en effet que par la diffection répétée des parties, qu'on peut en donner des defcriptions exactes. Enfin, ces Mémoires préfentent des vues phyfiques, & établiffent d'après la ftructure dévoilée des parties, leur méchanifme & leur ufage.

L'Anatomie curieufe n'occupoit pas toute l'attention de M. Baffuel. Nous avons de lui des réflexions utiles fur divers points de Chirurgie-pratique, qu'il a éclaircis par des recherches anatomiques. Compris dans le premier choix qu'on fit en 1731, pour compofer l'Académie Royale de Chirurgie, il donna dans ces premiers tems un Mémoire fur la hernie crurale. Il obferve la direction de l'arcade fous laquelle les parties contenues dans le bas-ventre peuvent s'échapper pour former une hernie ou defcente à la

partie

partie supérieure de la cuisse : il détermine
le nombre & la situation des parties qui
passent sous cette arcade dans l'état naturel , pour prouver que la hernie se forme
dans sa partie inférieure & la plus étroite, près de l'os pubis , sous l'angle infé-
rieur du ligament de Fallope. Ce Mémoire
est rempli d'observations judicieuses , par
lesquelles le succès des tentatives pour la
réduction de ces sortes de hernies devient
plus certain ; & si l'opération est absolu-
ment nécessaire , elle se fera avec plus de
sûreté & de méthode. Je ne l'ai jamais vu
pratiquer avec plus de dextérité que par M.
Bassuel, & je l'aurois prise pour une facilité téméraire & dangereuse , si j'avois eu
quelque doute sur l'étendue des connoissances anatomiques de l'Opérateur.

L'Anatomie & la Méchanique lui ont ser-
vi avantageusement à établir les causes de
la fracture de la rotule, dans un Mémoire
Historique & Pratique sur cette maladie,
lû en deux parties aux séances publiques de
l'Académie de Chirurgie en 1744 & 1745.
La fracture transversale de la rotule se fait
sans coups ni chûtes, par la seule force de
l'action des muscles : il n'y a pas long-tems
que cette cause est bien connue. Les premiers qui ont observé ce fait, le croyoient

à peine, tant il paroiſſoit merveilleux. Les diſputes ſuſcitées à M. Petit ſur la rupture du tendon d'Achille, ont donné lieu à divers éclairciſſemens qui ont été le germe des connoiſſances que M. Baſſuel a développées ſur la fracture de la rotule. La deſcription des parties du genou, & de toutes celles qui y ont rapport, ſert à expliquer comment la rotule peut ſe fracturer pendant l'action contractive de différens muſcles, par le changement d'attitude qui arrive en un inſtant aux os du baſſin, relativement à ceux des cuiſſes, quand on eſt prêt à tomber. Dans la ſeconde partie de ce Mémoire, l'Auteur paſſe aux réflexions-pratiques; & il fait l'hiſtoire des différentes méthodes curatives, depuis les tems les plus reculés juſqu'à nos jours. L'étude des progrès de l'art eſt extrêmement utile : elle nous montre que les Anciens n'avoient pas des procédés bien efficaces pour le cas dont il s'agit. C'eſt ſeulement ſur la fin du dernier ſiècle, que les ouvrages des Chirurgiens François, propoſent des moyens preſque ſûrs pour réuſſir : on a trop ſouvent varié à cet égard, par des changemens arbitraires, ſouvent mal entendus : ce point mérite d'être lû dans l'ouvrage même. Un des principaux objets de M. Baſſuel, eſt de montrer que

ce n'eſt pas ſans quelque crainte de man-
quer de ſuccès, qu'on entreprend aujour-
d'hui même la cure de cette maladie, qui
élude ſi ſouvent l'habileté du Chirurgien.
Auſſi s'efforce-t-on journellement de trouver
des méthodes nouvelles, & des exemples
de réuſſite; & l'on diſpute ſur la poſſibilité
d'un ſuccès complet & abſolu. Depuis long-
tems, dit M. Baſſuel, les plus habiles Chirurgiens ne ſont pas ordinairement expoſés
à laiſſer leurs bleſſés ſans la plus heureuſe
guériſon; mais la réuſſite eſt dûe, ajoute-t-
il, à cette attention ingénieuſe qui ſçait pré-
venir les plus petits dérangemens, & à cette
délicateſſe de panſemens, guidée par le
talent qui peut tout réparer, juſqu'au vice
des méthodes. L'Auteur avoue qu'à ce ſujet, il manquoit quelque choſe à l'Art : on
fait avec une ſorte de ſatisfaction de ſem-
blables aveux, lorſqu'on donne en même-
tems le moyen qu'on a imaginé pour réparer le défaut dont on convient. « Il man-
» que, dit M. Baſſuel, à l'égard de cette
» fracture, de ces moyens ſûrs, comme on
» en a pour tant d'autres cas, qui puiſſent
» aller, pour ainſi dire, à toutes mains,
» même avec moins de lumières & d'expé-
» rience. » On gagne toujours à ſimplifier
l'Art, & à rendre les méthodes plus aiſées.

C'eſt ce que M. Baſſuel a fait par l'inven-
tion d'un bandage, d'autant plus utile pour
la guériſon de cette fracture, que des gens
moins expérimentés peuvent l'employer
ſans aucune difficulté, & avec le plus grand
ſuccès : il remplit toutes les intentions
qu'on peut avoir pour aſſurer la réunion des
parties diviſées. Ce bandage conſiſte d'a-
bord en un cuir fort, de vache, percé pour
aſſujettir l'os fracturé, & accommodé
d'ailleurs artiſtement à la figure de la partie. Henri Baſſius avoit déja décrit une
piéce de cuir à peu-près ſemblable ; mais
M. Baſſuel ſe ſert encore d'une ſeconde
piece du même cuir, moulée en gouttié-
re, & échancrée par ſes extrémités ; celle-
ci eſt deſtinée à embraſſer le jarret : l'une
& l'autre pieces, garnies convenablement
de compreſſes, pour ne point bleſſer les
parties, s'approchent & ſont affermies mu-
tuellement par un ruban de fil, aſſujetti par
des paſſans d'un cuir mince, qui maintien-
nent les croiſés que ce ruban fait ſous le jarret, & au-deſſus & au-deſſous de la rotule. La
gouttiere de cuir fort qui contient poſtérieu-
rement la jambe & la cuiſſe dans la direction
convenable, ſeroit ſeule une piece eſſen-
tielle ; applicable d'ailleurs en beaucoup
d'autres cas : elle permet de ſerrer le ban-

dage & de fixer la rotule, auffi fermement
qu'il eft néceffaire ; par elle les mufcles flé-
chiffeurs de la jambe, & les vaiffeaux principaux font à l'abri d'une compreffion trop
fortè, que l'on fçait pouvoir être quelque-
fois dangereufe.

En 1746, M. Baffuel lût une Differtation fur une fueur falivale à la joue, occa-
fionnée par le long ufage d'emplâtres véficatoires, employés à l'occafion de maux
d'yeux invétérés & rebelles. Un grand Médecin, feu M. Chirac, avoit vû le cas, &
nioit abfolument la poffibilité du paffage de
la falive fous cette forme : il prétendoit que
c'étoit une pure fueur, la fimple férofité du
fang, pouffée forcément au-dehors par un
mouvement convulfif des nerfs de la face.
M. Baffuel s'autorife à foutenir que cette
excrétion contre nature étoit pofitivement
de la falive. 1°., Parce que cette tranfuda-
tion fe faifoit au voifinage des glandes paroti-
des. 2°. Parce que la maladie étoit l'effet de
l'application trop long-tems continuée de
médicamens extrèmement âcres, fur la
peau qui recouvre ces glandes falivaires.
3°., Parce que cette humeur ne s'échap-
poit que dans le tems de la maftication. Sur
la feconde propofition, M. Baffuel entre
dans un détail de preuves qui font la con-

féquence d'une defcription Anatomico-Pa-
thologique des parties dont l'organifation a
été détruite par les véficatoires. Cette ob.
fervation ne doit pas être fimplement con-
fidérée comme la difcuffion d'un phénomène curieux ; elle prefcrit des attentions
dans l'ufage des emplâtres propres à attirer
des humeurs au-dehors, afin d'éviter les en-
droits qui pourroient donner lieu à une maladie confécutive , fort incommode , &
contre laquelle on ne feroit pas affuré de
trouver des remedes.

Nous ne parlerons pas ici de quelques
obfervations ifolées que M. Baffuel a données fur différens fujets. Il étoit fort inftruit,
& avoit fur-tout beaucoup d'érudition anatomique. A fes momens de récréation , il
cultivoit les belles-lettres : il avoit des liai-
fons particulieres avec plufieurs perfonnes
de mérite en différens genres de littératu-
re. Il étoit l'ami, & étoit très-eftimé de feu
M. du Marfais , le plus grand Grammairien
qu'on ait jamais connu , & peut-être l'homme qui a eu le jugement le plus net & le
plus fain. La bibliothéque de M. Baffuel
étoit bien fournie : il avoit des livres choi-
fis , & quelques-uns même étoient rares. Il
n'étoit point de ces gens qui croyent paffer.
pour habiles en achetant beaucoup de li-

vres; il les lifoit & fçavoit en juger. Grecs, Latins, Italiens & François, il y en avoit peu concernant l'Anatomie, la Chirurgie & la Médecine, où l'on ne trouvât des feuilles volantes fur lefquelles il avoit écrit des remarques, prefque toutes utiles, & qui marquoient fon difcernement. Elles étoient faites affez communément fur la fignification des termes, ou fur l'interprétation des penfées de l'Auteur, qui pouvoient être prifes en divers fens. Ce goût étoit moins académique que grammatical, & il le portoit jufque dans la converfation : par caractère, il la rendoit aifément contentieufe : il fe prêtoit volontiers à la difpute, toujours polie & modérée de fa part. Il étoit rare qu'un adverfaire le ramenât à fon opinion : M. Baffuel tenoit fortement à celle qu'il avoit foutenue, & tâchoit de la faire valoir par des raifonnemens fur la folidité defquels il ne formoit aucun doute. J'ai fouvent vû qu'il avoit raifon fur le fond des queftions agitées, quoique ceux avec qui il difputoit, n'euffent point tort. Ce paradoxe fera éclairci, fi l'on convient que dans la diverfité des avis, ceux qui les foutiennent ne fe perfuadent pas affez qu'il ne fuffit pas de s'entendre foi-même, pour être en effet entendu des autres.

B iv

M. Baſſuel a rempli pluſieurs places de
diſtinction dans la Chirurgie. En 1744, il fut
nommé Profeſſeur & Démonſtrateur Royal
adjoint pour la Thérapeutique, place qu'il
a conſervée juſqu'à ſa mort. En 1745, M.
Hevin, appellé à la Cour pour être premier
Chirurgien de Madame la premiere Dau-
phine, Infante d'Eſpagne, ne put plus être
aſſidu aux ſéances de l'Académie Royale de
Chirurgie, dont il tenoit les Regiſtres pour
M. Queſnay, ſon beau-pere, alors Sécretaire perpétuel de cette Académie. M. Baſſuel, beau-frere de M. Hevin, fut agréé pour
le ſuppléer, & exercer ſon emploi de Sécretaire des correſpondances. Quand le Roi
donna en 1751 un nouveau Réglement à
l'Académie, M. Baſſuel eut cette place en
titre. Ses affaires particulieres ne lui permi-
rent pas de la remplir long-tems avec toute
l'exactitude néceſſaire, pour entretenir un
commerce littéraire entre l'Académie & les
Chirurgiens des provinces, qui lui commu-
niquent leurs obſervations & leurs décou-
vertes. Il menoit une vie très-laborieuſe :
l'on ne connoît point aſſez les occupations
pénibles d'un Chirurgien que le haſard des
circonſtances n'a pas élevé à cette ſorte de
réputation, qui introduit chez les riches &
les grands. Il faut que l'artiſan, le manœu-

vre, les gens du menu peuple foient fecou-
rus. L'appas du gain ne dicte ni manége,
ni foupleffes pour s'emparer de leur confiance. Ils ne la donnent qu'aux perfonnes qui
joignent le défintéreffement à l'humanité :
voilà les reffources que nous avons pour
être honorés des pauvres. M. Baffuel leur
donnoit fes foins par préférence : il n'auroit
été ni bas ni rampant chez les riches ; comme il n'étoit ni fier ni impofant chez le ci-
toyen d'un rang ou d'une fortune médio-
cre. Fort occupé au dehors, il rentroit chez
lui, où le peu de tems qu'il pouvoit y refter,
étoit employé à l'étude, & à remplir avec
tendreffe les devoirs de pere de famille. Son
tempérament étoit fort délicat : il devoit fa
bonne fanté à une vie fobre & frugale. Les
fatigues de fon état lui ont caufé une fluxion de poitrine, dont les accidens violens
l'ont enlevé le quatriéme Juin 1757, le fep-
tiéme jour de fa maladie, à l'âge de 51 ans.

La veille de fa mort il reçut les Sacremens avec beaucoup d'édification. Les
fentimens de religion qui lui avoient été
infpirés dès fon enfance, n'avoient fouf-
fert aucune altération : fa conduite fut toujours très-réguliere. Ce qu'il a fait, montre
tout ce qu'il auroit pu faire, fi moins diftrait
par des occupations multipliées & laborieu-

se, il eût pu donner un peu plus d'ordre à ses recherches. Il a été utile au public par son habileté, ses lumières, & un très-grand dévouement à son service. Et si les avantages de la fortune n'ont pas récompensé ses talens; s'il n'a pas joui dès cette vie du bonheur promis à celui qui est attentif aux besoins du pauvre, c'est qu'il ne s'est pas regardé soi-même comme le but de ses travaux. On est presque sûr d'enlever des suffrages & d'obtenir des témoignages apparens d'estime lorsqu'on les recherche avec avidité; mais ils ne dédommageroient point un honnête homme du tems précieux qu'il auroit donné à cette intrigue; il s'applique à bien faire, & sent qu'il n'y réussiroit pas, s'il n'étoit occupé qu'à faire dire de lui qu'il a bien fait.

ELOGE
de M. MALAVAL.

ON conçoit difficilement qu'un homme qui auroit joui long-tems d'une grande réputation méritée, n'eut pas cherché à le faire connoître par quelque production qui montre de l'habileté & du sçavoir. Le prétexte tiré du peu de tems que le public laisse à un Chirurgien fort occupé, ne peut être reçu que comme une excuse dictée par le défaut d'émulation. Les grands hommes de tous les tems, ont sçu allier les devoirs extérieurs & pénibles de leur état, avec l'étude qui doit les diriger : s'il faut en citer des exemples ; le nom d'Ambroise Paré & celui de M. Petit, se présentent d'abord. Tous ceux qui cultivent la Chirurgie n'ont pas à la vérité, le génie de ces hommes supérieurs ; mais le public seroit bien trompé dans sa confiance, si ceux à qui il l'accorde, trop peu persuadés de l'étendue, de la difficulté & de l'importance de leurs obligations, ne travailloient pas affidument à augmenter le fond de leurs connoiffances, en y rapportant les obfervations que la lecture des bons Auteurs anciens & modernes leur fait connoître; en méditant fur les faits que la pratique journaliere leur fournit, & profitant des lumieres qu'on puife dans les confultations, ou dans les conférences Académiques établies pour le progrès de l'Art. Il n'y a donc aucun Praticien attentif, qui, par fes réflexions, n'ait dû trouver à détruire quelques erreurs accréditées, ou à établir quelque vérité intéreffante : c'eft ce qu'a fait M. Malaval. On lui doit des Obfervations qui ne feront pas moins utiles à la poftérité, qu'il l'a été à fes contemporains par foixante années d'application & de travail.

Jean Malaval nâquit à Lezan en Languedoc, Diocèfe de Nifmes, le deuxiéme Mars 1669. Ses parens, Calviniftes zélés, l'éleverent avec foin dans leur religion. On cultiva fa mémoire, naturellement heureufe, en lui faifant apprendre l'Ecriture fainte; & l'on exerça fon efprit en l'appliquant à la controverfe. Le jeune Malaval a eu dans la maifon paternelle les principaux avantages qu'il auroit tirés des Humanités & de la Philofophie, qu'on enfeignoit alors communément dans les Colléges. Il acquit

dès l'enfance l'habitude d'étudier, & se forma le jugement par la discussion & la com-
paraison des objets sur lesquels on l'accou-
tumoit à raisonner. On n'auroit pas mieux
réussi, en le faisant argumenter en Philosophie, sur des questions la plûpart inintelligi-
bles qu'il auroit été obligé d'oublier. Telle
qu'a été l'éducation de M. Malaval, elle
fut le principe de son bonheur, & a influé
avantageusement sur tous les tems de sa
vie.

Arrivé à Paris en 1693, à l'âge de 24
ans, avec quelques notions superficielles de
Chirurgie, qu'un Maître assez peu instruit lui
avoit données dans le lieu de sa naissance, il
se trouva par hasard logé dans le voisinage
de M. Hecquet, qui venoit de quitter Port-
Royal. Il fit connoissance avec ce Médecin, aussi versé dans la science de la Religion que dans les principes de son Art, &
qui depuis est devenu célèbre par plusieurs
ouvrages, où il met souvent en controverse
les points les moins problématiques de la
Médecine. La conformité d'esprit & de caractère qu'il y avoit entre MM. Hecquet &
Malaval, les lia d'une étroite amitié. Elle
inspira M. Hecquet en faveur de son ami,
qu'il ramena bien-tôt, par les voyes de la
conviction, dans le sein de l'Eglise. M.

Malaval ne parloit de cet important service
qu'avec les sentimens édifians de la recon-
noissance la plus tendre.

C'est à la recommandation de M. Hecquet qu'il fut reçu en qualité d'Eléve chez
M. le Dran le pere, distingué par la réputation d'homme vertueux, autant que par celle
d'excellent Chirurgien. Le Disciple se montra digne du Maître. Un séjour de sept ans
chez un Chirurgien très-employé, donne
entrée dans un grand nombre de maisons ;
on y fait des connoissances qui se multi-
plient ensuite d'autant plus utilement, qu'on
donne plus d'application à mériter la confiance de ceux qu'on a soignés : les fonctions
ministérielles conduisent enfin à de plus importantes ; c'est par cette voye que M. Malaval forma le germe d'une réputation qui
s'est développé, à l'aide du tems, par son
assiduité & ses attentions auprès des malades. La fréquentation des Hôpitaux, l'étude des meilleurs Auteurs & les travaux anatomiques, remplirent le vuide que lui lais-
soient ses devoirs sous M. le Dran. Des instructions aussi suivies, & une mémoire ex-
cellente, promettoient à M. Malaval la
distinction avec laquelle il a paru dans les
exercices scholastiques & dans les épreuves
rigoureuses pour sa réception à la Maîtrise.

Il y parvint le vingtiéme Août 1701.

Les Regiſtres du Collége de Chirurgie nous apprennent que M. Malaval, fut chargé en 1704, de faire publiquement, en faveur des Eleves, un cours d'Oſtéologie, dans l'amphithéâtre de nos Ecoles : peut-être cela a-t-il donné quelque luſtre à ſa réputation naiſſante. Les démonſtrations ſur les os avoient été établies par M. Roberdeau, Chirurgien extrêmement zélé pour la gloire de ſon Art, & pour l'honneur de ſa Compagnie. L'eſpèce de ferveur qu'excitent les nouvelles Inſtitutions, & la préſence du Fondateur, dont les gratifications particulieres recompenſoient ceux qui s'étoient diſtingués dans la carrière qu'il avoit ouverte à leur émulation, ſemblent répondre du ſuccès avec lequel on faiſoit ces exercices; & l'on peut rappeller comme un titre d'honneur, l'avantage d'avoir été choiſi pour s'en acquitter.

M. Malaval fut d'abord en vogue comme un très-habile phlébotomiſte : mais la confiance qu'on avoit en lui pour la ſaignée ne ſe borna point à cet objet; on le jugea digne d'adminiſtrer les autres moyens avec leſquels cette opération concourt à la cure des maladies. Beaucoup de gens s'en rapportoient excluſivement à ſes conſeils. Son

attachement à ſes malades étoit ſans bornes ; auſſi en lui demandant les ſecours qu'on
peut recevoir d'un homme très-expérimen-
té dans l'art de guérir, l'on étoit ſûr de toutes les marques d'affection qu'on a lieu de
ſe promettre d'un véritable ami. C'eſt le
nom que des gens de grande conſidération
donnoient à M. Malaval. Il étoit ſur-tout
recherché de ces perſonnes qui aiment à
agiter certaines matieres de Théologie dans
leurs converſations familieres ; & qui pren-
nent parti ſur les ſujets les plus graves qu'elles croyent de la compétence de tout le
monde. M. Malaval étoit fait pour réuſſir
dans ces ſociétés. Imbu des mêmes ſentimens, & parlant le même langage, il ga-
gnoit leur eſprit & leur cœur. Son extérieur
y contribuoit auſſi : il avoit le maintien gra-
ve & réformé, ſes habits étoient ſimples,
ſon équipage uni & modeſte, le tout ſans
affectation, & ſuivant ſon goût naturel. Il
entendoit ſouvent M. Hecquet déclamer
avec beaucoup de chaleur, & peu de ſuccès, contre le faſte de quelques-uns de ſes
jeunes Confreres, qu'il croyoit contraire à
la décence de leur état; M. Malaval ſe
contentoit de donner l'exemple. Dans le
cercle très-étendu de leurs connoiſſances
intimes, un air faſtueux auroit paru ridicule :

en

en d'autres circonſtances, ils auroient été obligés l'un & l'autre, de prendre un peu plus le ton du ſiécle, pour aller à la fortune.

En 1721 M. Malaval fut nommé *Chirurgien du Roi en ſa Cour de Parlement.* Cette place a des fonctions communes & ordinaires; tel eſt le ſoin des priſonniers malades à la Conciergerie. Elle en a qui font ſouffrir l'humanité; telle que l'obligation d'aſſiſter à la queſtion donnée aux criminels. Le Chirurgien eſt alors un juge établi par la ſageſſe de la Loi, pour réclamer les droits de la nature contre la rigueur des Ordonnances. Mais il y a des cas où l'on requiert des rapports qui demandent de la prudence, du ſçavoir & de l'intelligence : c'eſt en ces occaſions que M. Malaval a mérité la confiance & l'eſtime des premiers Magiſtrats.

Lorſque le Roi fonda des Démonſtrateurs Royaux dans les Ecoles de Chirurgie en 1724, M. Malaval fut choiſi pour enſeigner aux Eléves ce qui concerne la ſaignée, l'application des cautères, des ventouſes, des ſangſues, des véſicatoires, & des médicamens uſuels tant ſimples que compoſés. Ce cours s'étend à tout ce qu'on appelle communément la petite Chirurgie. Il exige néanmoins de la part de celui qui enseigne, des connoissances supérieures, sans lesquelles il seroit au-dessous de son sujet. M. Quesnay, qui a été pendant plusieurs années titulaire de cette place, en a connu les difficultés, & les a applanies par ses travaux particuliers, & par ceux dont il a été le promoteur. Son Traité des effets & de l'usage de la Saignée, expose les plus grandes vues théoriques & pratiques sur cette opération; & on lui doit une Matiere médicale externe complette. C'est lui qui a déterminé l'Académie Royale de Chirurgie, lorsqu'il en étoit le Sécretaire-perpétuel, à donner successivement pour le sujet du prix, ce qui concerne les espèces, la maniere d'agir, & l'usage des *remédes répercussifs, résolutifs, émolliens, anodyns, suppuratifs, détersifs, dessicatifs & caustiques.* * M. Malaval a présidé aux travaux de l'Académie, pendant qu'elle s'occupoit de ces objets intéressans pour l'humanité.

Cette Société établie en 1731, sous la protection du Roi, eut M. Petit pour Directeur, & on lui donna pour Adjoint M. Malaval, qui devint Directeur en 1741. Il

---

* Voyez les deux premiers Tomes du Recueil des piéces qui ont concou- || ru pour le prix de l'Académie Royale de Chirurgie.

parut en cette qualité à la tête de l'Académie, avec M. de la Peyronie, lorsqu'elle eut l'honneur de préfenter au Roi, le premier Volume de fes Mémoires. Sa Majefté avoit bien voulu en agréer la Dédicace qui rapporte d'une maniere fi noble & fi vraie, les progrès de la Chirurgie, à l'amour du Roi pour fes peuples, & qui l'annonce à la poftérité comme le bienfaiteur du genre humain. Ce Volume, & les deux fuivans, contiennent des Obfervations de M. Malaval, qui rendent témoignage de fes talens, & de fon zèle pour la perfection de fon Art.

Plufieurs Praticiens étoient dans l'opinion qu'aux playes de tête, le détachement du péricrâne préfentoit une indication fuffifante pour déterminer à l'application du trépan; par la raifon qu'on pouvoit foupçonner alors une fracture de la table interne, ou une contufion confidérable à l'os. M. Quefnay, qui, dans le premier Volume des Mémoires de l'Académie, a traité fçavamment du trépan dans les cas douteux, s'eft fervi avec le plus grand fruit de quatre obfervations de M. Malaval, pour prouver que le péricrâne pouvoit être détaché des os, fans léfion ni accidens qui indiquent l'opération du trépan. Ces faits montrent

le succès avec lequel on peut rappliquer
les lambeaux de chairs détachées : on pré-
vient ainsi par une prompte consolidation,
l'effet tardif des exfoliations que le retranchement des lambeaux rendroit nécessaires
pour la guérison des blessés. On lit aussi
dans le même Volume une Observation
très-remarquable, communiquée par M.
Malaval, sur une hernie par le trou ovalai-
re sous l'os pubis, & qui a été guérie par
opération. Dans le second Tome, il a décrit la maladie d'une Dame de condition,
qui avoit les deux ovaires tuméfiés. Malgré
l'usage des remedes fondans & apéritifs les
plus accrédités, ces tumeurs firent du progrès, & la malade mourut d'hydropisie. A
l'ouverture du corps, on trouva les ovaires,
l'un du poids de douze, & l'autre du poids
de quinze livres. Ils étoient squirrheux,
avec plusieurs hydatides ; & n'avoient contracté aucune adhérence avec les parties
circonvoisines.

Les observations de M. Malaval sur les
pernicieux effets des remedes mercuriels
dans le cancer, les proscriront à jamais du
traitement de cette maladie. Quelques Auteurs ont conseillé les frictions mercuriel-
les, pour fondre les duretés carcinomateu-
ses, mais M. Malaval a vû que le levain

cancéreux acquéroit de nouvelles forces par l'ufage de ces frictions, & que les accidens, par leurs progrès rapides, hâtoient la perte des malades. Les précautions les plus fages ne garantiffent d'aucun inconvénient dans l'emploi d'un remede, qui, par fa nature & fon action, détermine la fonte putride dont les fuites font fi affreufes. M. Malaval a établi, d'après l'expérience, ce qu'une bonne théorie auroit prévu, en raifonnant fur la nature du mal, & fur fa facheufe terminaifon, qui ne peut qu'être accélérée par l'effet du remede propofé. Les exemples que M. Malaval rapporte à ce fujet, ne laiffent aucun doute fur la queftion : il penfe que ceux qui difent avoir guéri des cancers par le mercure fe font trompés, en donnant le nom de cancer à des tumeurs dures, dont le principe étoit vénérien.

M. Malaval quitta la place de Directeur de l'Académie en 1745, & il en devint le Tréforier en 1751, par le nouveau Réglement, qui lie à perpétuité cette place à la charge de Lieutenant du premier Chirurgien du Roi. M. Malaval en avoit fait l'acquifition en 1750, avec le brevet de furvivance pour M. Foubert fon gendre.

Une bonne conftitution, & l'exacte obſervation des loix de la tempérance, ont procuré à M. Malaval une longue vie. A l'âge de 80 ans, il s'apperçut d'un commencement de foibleſſe dans la vue, qui augmenta peu à peu par la formation lente de deux cataractes. Quelques années après, l'eſprit ſe ſentit de la foibleſſe du corps, & enfin les facultés intellectuelles s'éclipſerent. Il mourut le 16 Juillet 1758, âgé de 89 ans, par la défaillance inſenſible que l'âge apporte, ſans pouvoir être troublé ni agité des réflexions que la connoiſſance d'une deſtruction prochaine fait naître même dans les ames les mieux préparées, & qui jouiſſent de toute leur raiſon. Ce qui paroîtra ſurprenant dans l'état où a été M. Malaval pendant les dernieres années de ſa vie, c'eſt qu'à l'occaſion d'un mot qui frappoit ſon oreille, dans une converſation à laquelle il ne pouvoit plus prendre de part, il récitoit avec chaleur un aſſez grand nombre de vers, ou des pages entieres d'ouvrages en proſe qui lui étoient familiers, & où ſe trouvoit le mot qui lui ſervoit, pour ainſi dire, de réclame. Je rapporte ce fait, dont j'ai été pluſieurs fois le témoin, comme un phénomène ſingulier du méchaniſme de la mémoire.

ELOGE
de M. VERDIER.

LA multiplicité des éloges hiftoriques feroit défapprouvée avec raifon, fi dans ce genre d'écrit on trompoit la poftérité, en voulant lui faire eftimer des hommes par les titres qu'ils ont accumulés, & par les places qu'ils ont remplies. L'opinion la plus générale des contemporains n'eft pas une régle affez fûre pour juger du mérite : la plûpart des hommes, occupés à fe faire valoir, ne font guères attentifs qu'à la réputation de leurs émules pour en retarder les progrès, & trouvent qu'il eft plus aifé de fuivre fur le compte des autres l'impulfion du vulgaire, que de fecouer le joug de la prévention, en entrant dans les détails d'un examen réfléchi. Ceux qui ont été recommandables par des talens décidés, dont la vie active & laborieufe a été confacrée à l'utilité publique ; ceux qui, fans intérêt pour eux-mêmes, fe font uniquement occupés de leurs devoirs, & qui ont plus confi-

déré l'obligation de faire le bien, que la fa-
tisfaction de l'avoir fait ; de tels hommes
ont un droit incontestable à nos hommages.
Les louanges qu'on leur donne font des leçons d'autant plus précieufes qu'il y a moins
d'occafions de publier de pareils exemples.
Envifagés fous ce point de vûe, il y a peu
d'hommes dont les vertus & les talens four-
niffent à l'Eloge une matiere auffi ample,
& qui y aient un droit plus légitimement
acquis que M. VERDIER, ancien Profeffeur
& Démonftrateur Royal pour l'Anatomie,
& Confeiller de l'Académie Royale de Chirurgie, mort à Paris le 19 Mars 1759, âgé
d'environ foixante & quinze ans.

CESAR VERDIER nâquit à Moliere, près
d'Avignon. Son pere, Chirurgien de ce
lieu, l'envoya de bonne heure à Avignon
pour étudier la langue latine. Après avoir
fait fes Humanités, il marqua le défir qu'il
avoit d'apprendre la Chirurgie. Son pere
crut devoir confier fon éducation chirurgicale à des Maîtres plus à portée que lui de
l'inftruire avec fruit. La réputation & la
proximité de l'Ecole de Montpellier, y at-
tirerent d'abord le jeune Eléve. Il fut pen-
fionnaire chez M. Niffolle, célebre Chirurgien, qui occupoit dans l'Univerfité de
Médecine, la chaire d'Anatomifte Royal,

fondée par Henri IV. Les leçons & démonſtrations d'Anatomie , auxquelles M.
Verdier aſſiſtoit journellement chez cet ha-
bile Maître , fixerent ſon goût pour cette
partie fondamentale de la Chirurgie & de la
Médecine. Ses condiſciples nous ont appris qu'il excella bientôt dans l'Art des préparations anatomiques ; & ils en marquent
l'époque à l'année 1703. M. de la Peyronie , alors fort jeune , de retour de Paris où
il étoit venu perfectionner ſes connoiſſances , poſoit à Montpellier les fondemens de
la grande réputation qui lui a mérité la premiere place de ſon Art : il faiſoit chez lui
des leçons particulieres d'Anatomie & de
Chirurgie. M. Verdier , quoiqu'attaché à
un ancien Maître , qui avoit acquis beaucoup de célébrité , ne crut pas devoir né-
gliger les leçons du jeune Anatomiſte : il
les ſuivit avec l'aſſiduité & le zèle qu'il
montra toujours pour tout ce qui pouvoit
l'inſtruire : je lui ai oüi dire pluſieurs fois ,
que M. de la Peyronie , par la difficulté
d'avoir des cadavres , étoit obligé de con-
ſerver les corps diſſéqués , dans des cuves
avec du vinaigre. Par ce moyen , il pouvoit
multiplier ſes cours , & faire des leçons ,
dans les ſaiſons mêmes où il auroit été impoſſible de ſuivre les travaux d'une diſſection

continue. L'Ecole de Chirurgie de Montpellier n'éprouvera plus ces obstacles. Pour favoriser les premiers exercices des Etudians, M. de la Peyronie, dans ses dispositions testamentaires, dignes d'immortaliser un Souverain, a fait un legs de quatre mille francs aux Hôpitaux de Montpellier, sous la condition expresse qu'ils fourniront gratuitement les cadavres nécessaires pour les démonstrations d'Anatomie & de Chirurgie dans l'amphithéâtre des Chirurgiens de cette ville, construit à ses frais avec la plus grande magnificence.

Quelques années d'étude à Montpellier, disposerent utilement M. Verdier à profiter des instructions multipliées qu'on reçoit à Paris. Il y régnoit alors une émulation singuliere entre les Professeurs & les Démonstrateurs d'Anatomie. Cette rivalité excite au travail, & contribue nécessairement aux progrès de l'Art, sur-tout lorsqu'elle ne dégénere point en haines personnelles. Mais la politesse & les égards réciproques, ne font pas naître la confiance entre des particuliers, désunis d'opinions, & qui cherchent également pour fruits de leurs travaux, quelque préférence dans l'estime publique. M. Verdier dut à ses bonnes qualités l'amitié de différentes personnes qui ne

s'en témoignoient guères : en mettant autant de discrétion dans sa conduite, qu'il
montroit d'envie d'apprendre, il étoit ac-
cueilli par-tout, & profitoit des lumieres de
tous.

M. Duverney, Professeur d'Anatomie au
Jardin Royal, y avoit un Emule très-consi-
déré dans M. Arnaud, Démonstrateur d'A-
natomie & de Chirurgie. Le don séducteur
de la parole faisoit briller extraordinaire-
mént M. Duverney ; mais M. Arnaud qui
n'étoit pas sans ce talent extérieur de l'ora-
teur, paroissoit souvent regagner par la soli-
dité des raisonnemens, les suffrages que le
Professeur avoit d'abord enlevés par le feu
de son action. M. Verdier, jeune & plein
de zèle, qui connoissoit l'habileté de ceux
que M. Duverney employoit aux préparations anatomiques pour ses leçons au Jardin
Royal, passoit des jours entiers, & quel-
quefois une partie des nuits, à préparer,
pour M. Arnaud, les piéces qui devoient
être la base de ses démonstrations. Celui-ci
lui en marqua sa satisfaction, en l'adoptant
spécialement pour son Eléve. M. Arnaud
étoit le Chirurgien de son tems le plus employé, & un de ceux qui méritoient le plus
de l'être. Il donna à M. Verdier, dans le
cours de sa pratique, une preuve assez par-

ticuliere de son affection. Un homme s'étoit confié aux soins de M. Arnaud, pour l'opération de la fistule à l'anus; & ce fut l'Eléve qui opéra sous les yeux du Maître, sans que ce malade s'en apperçût : on ne lui annonça même qu'on l'avoit trompé, qu'après sa guérison qui fut des plus heureuses. M. Verdier éprouva dans cette occurrence, le contentement que donnent les premiers succès; mais comme il n'avoit opéré qu'en profitant d'un abus de confiance, je suis persuadé que dans un âge plus mûr, il se feroit refusé à l'occasion de recueillir ainsi des suffrages par une voye détournée.

Le sort de M. Verdier étoit de devenir l'Eléve des plus grands Maîtres. M. Petit avoit passé plusieurs années dans les occupations pénibles de l'Anatomie, dont il faisoit des leçons particulieres. Obligé de se donner entierement à la pratique, par la juste confiance du public; il ne crut pouvoir mieux faire que de choisir & s'attacher M. Verdier pour la direction de son amphithéâtre. Ses talens pour l'Anatomie étoient généralement connus, & M. Petit ne tarda pas à se débarrasser sur lui du soin d'en faire des démonstrations dans les principaux Colléges de Paris, à la fin de chaque cours de Philosophie.

La nature de ces exercices demande une attention particuliere. Il s'agit de donner en un très-petit nombre de leçons, une idée suffisante de la structure du corps humain, relativement à ses plus importantes fonctions ; & l'on a pour Auditeurs de jeunes gens qui ne sont pas destinés à sçavoir l'Anatomie par état ; mais dont l'esprit habitué à l'étude, saisit avidement ce qu'on lui montre de curieux & d'utile. Les démonstrations de M. Verdier avoient éminemment ces deux caractères. Il parloit de la mastication, de la digestion, de la chylification , de la circulation du sang , & des cinq sens. L'ouverture d'un chien vivant , le méfentère d'une grenouille vu au microscope, des piéces préparées avec foin, des organes artificiels, & des planches enluminées , faisoient connoître la structure des parties dont il expliquoit ensuite les usages & les fonctions. Ses leçons étoient si intéressantes que les personnes les plus versées dans l'Anatomie, l'entendoient toujours avec plaisir , souvent même avec fruit. Le succès de ses différens travaux, & la considération qu'il avoit acquise , l'engagerent à se fixer à Paris. Il se mit sur les bancs, fit sa licence avec honneur, & fut reçu Maître en Chirurgie le 29 Août 1724.

Le mois fuivant eft mémorable dans l'Hiftoire de la Chirurgie, par les Lettres-patentes en forme d'Edit, qui établiffent cinq places de Démonftrateurs Royaux, pour enfeigner dans l'amphithéâtre des Ecoles de Chirurgie, toutes les parties de cet Art. M. Verdier fut nommé par le Roi, fur la préfentation du premier Chirurgien de fa Majefté, pour la place d'Anatomifte. Son mérite feul l'avoit follicitée. Il falloit que des talens bien diftingués parlaffent en fa faveur, pour être préféré à tous ceux qui pouvoient prétendre à cette place, parmi les Membres d'une Compagnie nombreufe qui a toujours cultivé l'Anatomie avec fuccès. L'expérience juftifia bientôt le choix qu'on avoit fait. Dans aucune Ecole, dans aucune Faculté, il eft impoffible qu'il fe foit trouvé un homme plus zélé que M. Verdier, pour l'inftruction des Eléves. Il facrifioit tout à cet objet, jufqu'à fa fanté. Il a enfeigné publiquement l'Anatomie aux Ecoles de Chirurgie pendant plus de 25 ans. Quoique les matieres qu'il traitoit lui fuffent très-familieres, il fe donna autant de peine la derniere année, qu'il en auroit pu prendre pour difputer fa place en concurrence avec des rivaux redoutables. On fe relache prefque toujours, quand on ne tend pas conftamment à la plus grande perfection. M. Verdier, furmontoit par fa façon d'enfeigner, les obftacles que la pareffe, ou les difpofitions d'efprit les moins favorables, pouvoient apporter aux progrès des Eléves. La diffection exacte des parties laiffées avec leurs attaches principales dans la vraie fituation, pour faire connoître leurs rapports; les mêmes parties, tirées d'un autre fujet, afin d'en faire voir les différentes faces, & tous les contours; des préparations fraîches & féches, avec les vaiffeaux injectés, ou fans injection, pour en dévoiler la ftructure intime; des piéces d'Anatomie comparée; des planches multipliées fur chaque objet, parmi lefquelles il y en avoit où les parties les plus fines étoient repréfentées en grand, d'après les obfervations microfcopiques; enfin, tout ce qui pouvoit donner les notions les plus précifes & les plus sûres, étoit préfenté aux yeux de fes Auditeurs. M. Verdier ne parloit jamais en public, fans s'y être préparé expreffément, & avoir récapitulé foigneufement tout ce qui devoit faire le fujet de fa démonftration. Un jour de leçon, fes amis ne trouvoient point chez lui cet empreſſement marqué avec lequel il avoit coutume de les recevoir. Il prenoit à peine le tems de dîner très-légerement, pour avoir celui de repaſſer dans ſon eſprit les faits principaux qu'il devoit expoſer, & dont il ſe feroit reproché d'avoir obmis la moindre circonſtance. Ce n'étoit point la gloire qu'il cherchoit par tant d'application : tout autre ſe pardonneroit ce motif en faveur du bien qu'il produit ; mais M. Verdier ſe conduiſoit par des principes plus relevés : « Je ſerois » coupable, diſoit-il, des fautes que ces jeu- » nes gens commettroient par mon peu d'at- » tention à les bien inſtruire. » Les ſentimens d'humanité le ſoutenoient dans cette pénible carriere. Ils lui diĉtoient ſouvent les conſidérations morales les plus fortes, par leſquelles il excitoit l'émulation de ſes Ecoliers. A peine avoit-il terminé une leçon longue & fatiguante, qu'une foule d'Élé- ves, abuſant peut-être de ſa complaiſance, lui demandoient des éclairciſſemens qu'il ne manquoit pas de donner ſur le champ. Moins les queſtions étoient fondées, plus il étoit attentif à les réſoudre. Son zèle af- feĉtueux ſe manifeſtoit par le ſilence impoſé aux Etudians plus inſtruits qui blâmoient les demandes déplacées de leurs camara- des.

des. Il excufoit ceux-ci, en difant que s'ils étoient plus habiles, ils n'auroient pas be-foin de Maître; & qu'il n'étoit là que pour les enfeigner.

Le vœu général des Etudians le porta à donner un traité d'Anatomie fous ce titre: *Abrégé de l'Anatomie du corps humain, où l'on donne une defcription courte & exacte des parties qui le compofent, avec leurs ufages.* La derniere Edition eft de 1753. Cet ouvrage eft en deux Volumes in-12. L'un contient l'Oftéologie & la Myologie: les autres parties de l'Anatomie font renfermées dans le fecond. Ce livre a une très-grande réputation parmi les Eléves en Chirurgie. Comme il eft impoffible de réunir tous les fuffrages, quelques perfonnes ont voulu déprifer cette production, en difant que ce n'étoit que l'abrégé de l'Anatomie de M. Winflow. Cette cenfure feroit plus contre l'Auteur que contre l'ouvrage; mais elle n'eft point équitable. On pourroit dire avec plus de fondement, que la partie Anatomique eft trop abrégée; & en effet, M. Verdier, dans les limites où il s'eft renfermé, n'a pu donner une defcription exacte de toutes les parties qui compofent le corps humain; il a fouvent indiqué les Auteurs auxquels il falloit avoir recours pour s'inftruire à fonds fur certains points. Il rapporte des faits de pratique intéreſſans, ce qui rend ſon Anatomie Pathologique & Chirurgicale, à l'imitation de celle de Palfin, Chirurgien & Lecteur d'Anatomie à Gand : le célèbre Riolan, Médecin de la Faculté de Paris, a travaillé avant eux ſur ce même plan. Ce qui diſtingue le traité de M. Verdier, c'eſt qu'il explique auſſi les fonctions des parties ; enſorte qu'il eſt en même tems Anatomique, Phyſiologique & Chirurgical. Voilà le caractère particulier qui a fait la vogue de cet ouvrage. Les Obſervations ſouvent curieuſes & toujours utiles dont ce Livre eſt rempli, ſont judicieuſement liées au texte ; enſorte qu'il a le mérite de faire marcher, pour ainſi dire, de front, & de faire rentrer l'une dans l'autre, pluſieurs parties eſſentielles de l'Art, qu'on a coutume de traiter ſéparément. J'ai ſouvent raiſonné ſur cet objet avec M. Verdier ; il ne regardoit cet ouvrage que comme un cannevas ; & ſe propoſoit d'y travailler pour en faire un véritable traité élémentaire d'Anatomie & de Chirurgie.

La réputation à laquelle il étoit parvenu, moins peut-être que ſes liaiſons d'amitié avec les Anatomiſtes de l'Académie Royale des Sciences, & avec d'autres

Membres de cette Compagnie, le fit défi-
rer dans ce corps célèbre. Il refufa conftamment l'honneur d'y être aggrégé ; c'eft un
fait que je n'avance pas légérement. L'A-
natomie paroiffoit à M. Verdier un champ
beaucoup plus vafte par la multitude des
chofes qu'il faut connoître, que par les nouvelles lumieres que l'on peut y porter. Des
Compagnies fondées pour le progrès des
fciences ont penfé comme lui. L'Hiftorien
de l'Académie des Sciences & des Arts de
l'Inftitut de Bologne, débute dans l'article
Anatomie, au premier Volume des Mémoires de cette Société, par dire, « Qu'il ne faut
» pas s'attendre à faire actuellement de
» grands progrès en Anatomie ; qu'il y a
» des bornes aux chofes à inventer, & que
» fi l'on refufe de mettre au nombre des
» Sçavans, ceux qui, fans rien produire de
» neuf, s'occupent du foin de préfenter fous
» de nouveaux jours, ce que leurs prédé-
» ceffeurs ont connu, il ne fera bientôt plus
» permis à perfonne de prétendre à un rang
» diftingué dans ce genre de fcience. » M.
Verdier tenoit le même langage, & je n'en
ferai point honneur à fa modeftie : *Je n'ai
pas*, difoit-il, *l'art de faire valoir de petites
chofes*. Il parloit fincerement, fuivant fa
maniere d'envifager les objets. Un Philo-

fophe qui examine la nature en grand , &
dont le génie fupérieur & l'imagination éle-
vée , ne lui permettent pas de s'amufer aux
menus détails , foutient au contraire que
depuis trois mille ans qu'on difféque des
cadavres , l'Anatomie n'eft encore qu'une
nomenclature ; qu'à peine on a fait quelques pas vers fon objet réel , qui eft la fcience de l'œconomie animale ; & que pour
parvenir aux connoiffances les plus étendues , il faut confidérer la nature dans fes
différens rapports , dans fes *oppofés* , & même dans fes extrêmes. Il prétend que la
defcription minucieufe des plus petites parties ne préfente rien d'utile , & qu'on ne s'é-
léve point au-deffus de fon fujet , en le re-
gardant comme ifolé & indépendamment
de ce qui lui reffemble & de ce qui en dif-
fère. Il affure , avec raifon , que l'anatomie des animaux eft trop négligée , & qu'elle
fourniroit à l'efprit humain de nouvelles
vûes par la comparaifon des objets fembla-
bles & différens , de leurs propriétés analo-
gues ou contraires , & de leurs qualités re-
latives. C'eft par la voye de l'induction d'a-
près l'examen comparatif que je viens d'in-
diquer , qu'à l'exemple de l'illuftre Auteur *
d'après qui je parle , on pourra établir des

* M. de Buffon.

principes lumineux & conduire à grands pas l'Anatomie vers sa perfection. Dans ce sens on peut dire que le génie est l'instrument avec lequel on peut véritablement faire valoir de petites choses.

Mais il y a de toutes parts des écueils à éviter; c'est en voulant tout généraliser qu'on a fait des systêmes purement arbitraires, & des hypothèses frivoles : la route de l'expérience, est sans contredit, la plus sûre; cependant Hippocrate, qui la suivoit avec intelligence, nous a appris qu'elle étoit dangereuse; qu'on pouvoit s'y égarer, & en effet, elle produit moins de vérités que d'erreurs lorsqu'elle est mal dirigée. L'Anatomie Pathologique, ou l'examen des maladies après la mort, est tout-à-fait expérimentale, & elle donne des exemples fréquens qu'on peut se tromper, même en se renfermant avec la plus sévére exactitude, dans l'observation des faits. Il faut les juger & en faire l'application; c'est par la difficulté de ce jugement que l'expérience peut être infidéle. Le témoignage de l'esprit doit toujours être d'accord avec celui des yeux: M. Verdier a donné des preuves de cette sagacité si nécessaire dans l'examen anatomique des parties malades ; & l'on doit à ses réflexions des préceptes de Chi-

rurgie, qui marquent avec quel difcernement il voyoit les chofes.

On lit à la tête du IIe. Tome des Mém.
de l'Acad. de Chirurgie, une Differtation
de M. Verdier, fur les hernies de la veffie ;
c'eft un ouvrage fort eftimé, qui a pour bafe
les obfervations les plus inftructives. L'inf-
pection des cadavres attaqués de cette maladie, la méprife de quelques Praticiens qui
ont été dans le cas de la traiter, & les circonftances détaillées dans des Mémoires à
confulter, ont fourni à M. Verdier les ma-
tériaux de ce Mémoire. Il les a rangés fous
ces trois divifions pour ne pas confondre les
différentes fources où il avoit puifé. L'examen de la figure de la veffie eft un point
d'Anatomie qu'il devoit traiter préliminai-
rement ; & l'on peut juger de fon érudition
par ce morceau. Des Anatomiftes du premier rang, tels que *Vefale*, *Columbus*, *Spi-*
gelius, *Marchettis*, *les Bartholins*, *Veslin-*
gius, *Van-horne*, *de Graaf*, *Diemerbroeck*,
& autres, ont comparé la veffie à une bou-
teille renverfée. On a confervé cette erreur
dans des livres modernes d'Anatomie & de
Chirurgie, compofés par de ferviles copiftes
de ces grands hommes. La partie la plus lar-
ge de la veffie, celle qu'on doit appeller le
fonds, eft inférieure & porte fur le rectum,

comme l'ont très-bien remarqué MM. *Morgagni, Weitbrecht & Winslow.* Quand la veſſie forme une hernie dans le ſcrotum, elle prend la figure d'une gourde ou calebaſſe : elle a alors deux cavités ſéparées par un col, ou plutôt par une eſpèce d'étranglement, qui répond à l'endroit de l'anneau du muſcle oblique externe. La portion de veſſie qui fait la hernie, entraîne toujours après elle une portion du péritoine : il en réſulte un ſac prochainement diſpoſé à recevoir l'épiploon ou l'inteſtin ; de-là vient la complication ſi ordinaire de la hernie épiploïque ou inteſtinale avec celle de la veſſie. Il peut même arriver qu'une ancienne hernie de cette eſpèce ſoit la cauſe déterminante de celle de la veſſie. M. Mery penſoit que cette maladie venoit toujours d'un vice de conformation. Il a donné dans les Mémoires de l'Académie Royale des Sciences, année 1713, les raiſons qui ſervent de fondement à cette opinion. M. Verdier les réfute d'une maniere qui ne ſouffre aucune réplique. Il eſt certain que la hernie de la veſſie eſt preſque toujours un effet de l'extenſion conſidérable des parois de ce ſac urinaire, à la ſuite de fréquentes rétentions d'urine. M. Mery allégue, pour premiere preuve de ſon ſentiment, la grande diſpro-

portion qu'il y a entre la veſſie extrémement
dilatée, & le diamètre étroit des anneaux.
Il eſt abſolument impoſſible qu'elle y paſſe
dans cet état de dilatation ; mais elle ac-
quiert alors les diſpoſitions néceſſaires pour
pouvoir ſortir par ces ouvertures, lorſqu'elle
eſt vuide. C'eſt une obſervation qui n'avoit
pas échappé à M. Petit ; il en eſt fait men-
tion dans les Mémoires de l'Académie des
Sciences, année 1717. M. Mery croit en
ſecond lieu que les connexions de la veſſie
avec les parties qui l'avoiſinent, doivent
l'empêcher de ſortir du baſſin. M. Verdier
réſout cette difficulté par une obſervation
même de M. Mery, qui n'ignoroit pas com-
bien les attaches naturelles des parties du
bas-ventre, ſont ſuſceptibles d'extenſion. Il
nous apprend dans les Mémoires de l'Académie des Sciences, en 1701, que l'inteſ-
teſtin cœcum, arrêté naturellement par le
péritoine dans la région iliaque droite, étoit
deſcendu dans le côté gauche du ſcrotum,
avec une portion du colon. M. Verdier re-
marque qu'il pouvoit y avoir en ce ſujet une
tranſpoſition de viſceres, telle qu'on l'a ob-
ſervée en quelques perſonnes. Quoi qu'il en
ſoit, il ajoute pour derniere raiſon contre
M. Mery, qu'il eſt conſtant par le témoignage de ceux qui ont eu une hernie de la

veſſie, qu'ils n'en ont reſſenti les incom‑
modités que dans un certain tems, ſouvent
même dans un âge aſſez avancé, & que le
contraire devroit arriver, ſi cette hernie
étoit toujours un vice de premiere confor‑
mation.

Ces diſcuſſions ne ſont pas ſimplement
ſatisfaiſantes dans la théorie; elles influent
beaucoup ſur la pratique, par les régles qui
en dérivent pour la conduite qu'on doit te‑
nir, ſoit qu'on ſe propoſe ſeulement de ſou‑
lager ceux qui ſont affligés de cette maladie,
ſoit qu'on en entreprenne la cure radicale.
Les différens états dans leſquels peut ſe trou‑
ver la veſſie dont une portion eſt déplacée,
les ſignes qui caractériſent cette maladie, les
ſecours qu'on peut y apporter, les précautions
qu'il faut prendre avant de faire l'opéra‑
tion d'une hernie, de quelque eſpèce qu'elle
ſoit, dans la crainte de commettre des fau‑
tes capitales, ſi la tumeur étoit compliquée
de la hernie de la veſſie, ſans qu'on le ſçût,
tous ces points ſont traités ſçavamment &
utilement dans le Mémoire de M. Verdier,
& il montre par-là qu'il n'a tenu qu'à lui
d'être auſſi parfait Chirurgien qu'il étoit ex‑
cellent Anatomiſte.

Les exemples qu'il a rapportés ſur des
veſſies partagées en pluſieurs portions, ne

font pas effentiellement liés au but de ce
Mémoire. Ces obfervations, citées fur la
bonne foi des Auteurs, méritoient un examen critique dont perfonne n'étoit plus capable que M. Verdier. Il dit, d'après Riolan, que dans le corps du fçavant *Ifaac Cafaubon*, la veffie étoit comme divifée en
deux portions, y ayant un petit fac qui ré-
pondoit dans la cavité de la veffie, & dans
lequel une pierre étoit renfermée. Voilà
précifément à quoi fe réduit le fait, fuivant
l'énoncé de Riolan. Mais cet Auteur, à
l'occafion de ce cas extraordinaire, fait une
queftion qui peut devenir utile. Il demande
fi la double cavité qu'on trouve dans la veffie des calculeux, ne viendroit pas de la dilatation des uretères entre les tuniques de
la veffie ; & fi cette dilatation ne feroit pas
produite par la pierre qui s'eft arrêtée & a
groffi à l'orifice de l'un de ces conduits.
Raphael Thorius, Médecin, & Poëte Latin,
qui avoit la plus grande réputation en An-
gleterre, fous le régne de Jacques I. n'a
point eu les doutes que Riolan expofe dans
la relation qu'il a donnée de la maladie &
de la mort de fon ami Cafaubon. Il avoit
été attaqué d'une dyfurie, ou ardeur d'urine, avec tous les fignes qui font préfumer
la préfence d'une pierre dans la veffie ; &

il n'y en avoit point, quoique Riolan le di-
se *. Le prétendu petit sac dont il parle,
étoit au contraire une poche d'une très-
grande capacité, attachée au côté gauche
de la veſſie ; de la même ſubſtance que la
veſſie naturelle, dans laquelle elle commu-
niquoit par une ouverture capable de recevoir l'extrémité de quatre doigts réunis. Ce
ſac paroiſſoit une ſeconde veſſie, qui s'éle-
voit du côté gauche, à la hauteur de l'os
des iles : le rein droit étoit en ſuppuration ; &
le col de la veſſie étoit fort tuméfié par les
efforts violens que le malade faiſoit depuis
longtems pour uriner. Cette deſcription eſt
bien différente de celle qu'a donnée Riolan, & qui a trompé M. Verdier. On doit
s'en rapporter à un témoin oculaire de l'ouverture du corps, à un homme de l'Art qui
a vécu dans la plus étroite familiarité avec
le malade, pendant les quatre dernieres années de ſa vie. Les Médecins qui lui don-
nerent des ſoins étoient fort étonnés de voir
que pendant que le corps ſe conſumoit par
la fiévre & les douleurs violentes de la veſſie, il s'élevât une tumeur pleine de fluide
dans la région iliaque gauche. Raphaël
Thorius regarde la poche, qui contenoit

* *Veſicæ ſacculus quidam appenſus erat, in quo lapis ſta-
bulabatur.* RIOLAN.

cette liqueur, comme une seconde veſſie, produite par vice de premiere conformation, & dont les parois ne ſe ſont écartées tardivement qu'à l'occaſion d'une rétention d'urine. Mais l'état de la veſſie prouve bien que le ſac qu'on a pris pour une ſeconde veſſie, n'étoit que l'urétère prodigieuſement dilaté, puiſqu'on a trouvé le corps de la veſſie contracté, ſes parois très-épaiſſes, ſa cavité pleine de rides; effets qui marquent bien préciſément que la veſſie n'avoit point ſouffert par dilatation, & que l'urine n'y avoit point été retenue contre l'ordre naturel.

Ces réflexions rendront moins merveilleux le cas des trois veſſies, dont Buiſſiere, Chirurgien François, réfugié à Londres, & Membre de la Société Royale, a donné la deſcription dans les Tranſactions Philoſophiques en 1701. Le ſujet en qui on trouva ce phénomène, avoit eu une maladie dont les principaux ſymptômes étoient d'uriner en petite quantité & avec de grands efforts. Les deux ou trois dernieres années, il ſurvint de l'ardeur, & il rendit des matieres glaireuſes. On trouva par la diſſection, trois poches urinaires, de capacités différentes. Celle du milieu, qui fut regardée comme la vraie veſſie, étoit plus grande que la poche latérale gauche, & moindre que la droite. Ces deux poches latérales communiquoient dans celle du milieu, près de son col. M. Verdier rapporte ce fait en admettant la supposition de Buissiere, qui regardoit cette vessie extraordinaire, comme viciée naturellement dès la premiere conformation; tandis qu'il est probable qu'un examen Anatomique plus exact, auroit démontré que c'étoit une affection contre nature, causée par la dilatation des uretères. Mais ces erreurs de fait ne diminuent en rien le mérite du Mémoire de M. Verdier, sur les hernies de la vessie, parce que ces observations n'y font placées qu'épisodiquement, & sans une liaison directe avec les lumieres théoriques & les régles curatives qui rendent cette dissertation si instructive & si utile.

Le troisiéme Volume des Mémoires de l'Académie de Chirurgie, contient les Observations que M. Verdier a faites sur deux playes considérables dans le même sujet. Un homme fort & vigoureux, dans un accès de folie, se donna deux coups de rasoir, l'un à la région antérieure du ventre, & l'autre à la gorge. Une grande partie d'intestins sortoit par la playe du ventre, & cet homme s'étoit arraché violemment

presque tout l'épiploon. M. Verdier, par des
soins méthodiques, obtint la parfaite consolidation de cette playe en treize ou quatorze jours. Il a fait à ce sujet de très-bonnes
remarques sur la ligature de l'épiploon, matiere qui a fait ensuite le sujet d'une excel-
lente dissertation, publiée par M. Pipelet,
l'aîné, dans le même Volume des Mémoires de l'Académie. La playe de la gorge
permettoit aux alimens liquides de s'échapper au-dehors : ce symptôme en a souvent
imposé ; & des Chirurgiens, d'ailleurs très-
habiles, ont cru y trouver un signe certain
de la lésion de l'œsophage. M. Verdier étoit
trop éclairé par les connoissances anatomiques pour prendre le change sur ce point.
La situation de la playe étoit immédiate-
ment au-dessus du larinx, entre le cartilage
thiroïde & l'os hyoïde. Elle pénétroit dans
le fond de la bouche, entre la partie antérieure de la base de l'épiglotte, & la racine
de la langue : ainsi les liqueurs que le blessé mettoit dans sa bouche, s'échappoient
par la playe de la gorge, qui n'intéressoit
ni la trachée-artère ni l'œsophage. La réunion des tégumens remédia à cet inconvénient ; mais il y eut dans cette playe un
phénomène remarquable : le blessé perdit
la parole dès l'instant même de l'accident,

& il ne la recouvra qu'après sa guérison.
M. Verdier met cette observation en pa-
rallele avec celles qu'on trouve dans Ambroise Paré & dans Saviard, sur les playes
de la trachée-artère avec perte de la voix,
que les blessés recouvrerent, aussitôt que
par un appareil convenable on eut mainte-
nu les parties divisées dans l'état qui pouvoit procurer leur réunion. Il rapporte les
expériences de Galien, de Vesale & de M.
Martin, de la Société d'Edimbourg, sur la
perte irréparable de la voix par la section
ou par la ligature des nerfs récurrens : d'où
il résulte que ces nerfs n'ont point été blessés dans le sujet qu'a traité M. Verdier ; &
il en conclut que la lésion de la langue &
de l'épiglotte, ne permettoit pas à ces parties le jeu nécessaire pour donner à l'air les
modifications qui produisent la voix. Cette
assertion est prouvée par la facilité de par-
ler qu'eut le blessé, dès que ses organes
furent rétablis dans leur état naturel, par
une parfaite consolidation.

Il y a environ dix ans que M. Verdier com-
mença à s'appercevoir du poids de l'âge.
Sa vivacité naturelle & le désir d'être utile,
l'animoient encore dans ses leçons publiques & particulieres ; il sentit enfin qu'il n'a-
voit plus assez de forces pour continuer des

travaux que le ſçavoir auroit rendu faciles,
mais que le zèle lui rendoit plus pénibles
qu'à un autre. Il les abandonna pour vivre
tranquillement. Toujours occupé du progrès de ſon art, il donnoit ſon tems à la
lecture des meilleurs Auteurs, & à faire des
remarques pour la perfection de ſon traité
d'Anatomie, ſuivant le plan qu'il avoit formé: il méditoit de l'orner de planches, ſur
l'exactitude deſquelles on auroit pu s'en rapporter à ſes ſoins & à ſon goût. Il aſſiſtoit
très-aſſidument aux ſéances de l'Académie
de Chirurgie. Les objets qui demandoient
quelque diſcuſſion anatomique, étoient
confiés à ſon examen, pour peu que la matiere exigeât des lumieres, ou une prépara-
tion délicate, au-deſſus de la portée des
Anatomiſtes ordinaires. Quelques jours
avant que de tomber malade, il s'étoit
chargé de la diſſection d'un gros orteil monſ-
trueuſement tuméfié, dont l'amputation
avoit été faite à l'Hôtel-Dieu de Chartres.
M. Verdier fut attaqué d'une fluxion catar-
rhale ſur la poitrine: la foibleſſe des organes ne permit pas l'expectoration des matieres muqueuſes qui ſe ſont amaſſées dans les
bronches; il mourut ſans douleurs, au bout
de quelques jours, n'ayant été inquiété que
par la difficulté de reſpirer, dont la gêne

fut

fut fupportable jufqu'au dernier moment. Il reçut les Sacremens de l'Eglife la veille de fa mort, avec les fentimens de piété qui lui faifoient remplir fréquemment ce devoir de religion lorfqu'il étoit dans la meilleure fanté.

Par les traits de la vie de M. Verdier, on peut juger quel a été fon caractère. Plein de probité & de politeffe, il cherchoit par fes égards à ne déplaire à perfonne. Il prononçoit volontiers ce mot qui étoit comme fa devife: *Ami de tout le monde.* La vraye amitié n'eft pas fi générale: auffi ne doit-on entendre ici, par le terme d'*amitié*, qu'une complaifance d'habitude, & la déférence qu'on a pour les fentimens des autres dans les chofes indifférentes. M. Verdier avoit des amis particuliers; quoiqu'il les eftimât fincerement, il n'avoit pas la force de prendre leur parti, & de repouffer les traits que l'envie ou de fauffes préventions lançoient contre eux, en leur abfence. Sa bonté naturelle ne compatiffoit point avec le courage qu'exige la folide amitié dans ces occafions.

M. Verdier a vécu dans le célibat, & a toujours montré une piété fincere & fans affectation. Il fuivoit les préceptes de la Religion avec une exactitude fcrupuleufe;

il en pratiquoit même les conseils : il n'a-
voit à vaincre les efforts d'aucune passion
qui l'en détournât. La seule dont il ait senti
l'empreinte étoit estimable, & s'accordoit
avec ses sentimens les plus réfléchis ; c'é-
toit l'amour des devoirs de l'état auquel il
s'étoit dévoué. Il donnoit à des personnes,
dont la mauvaise fortune n'étoit pas connue, des secours plus considérables que la
sienne ne paroissoit le permettre : beaucoup d'ordre & d'œconomie lui fournis-
soient ces ressources. M. Verdier étoit libé-
ral, mais il ne l'étoit qu'à propos. Il trouvoit dans une conduite réguliere, & dans
le retranchement des dépenses superflues,
le fonds de ses charités.

F I N.

A P P R O B A T I O N

du Censeur Royal.

J'ai lû par ordre de Monseigneur le Chancelier
les Eloges de MM. *Bassuel, Malaval & Verdier,* & j'ai cru que l'impression en pouvoit être
permise. A Paris, ce 30 Juillet 1759.

Signé, TRUBLET.